Die Originalausgabe dieses Buches erschien 2022 bei Groundwood Books Limited, Toronto unter dem Titel *As Glenn as Can Be*.
www.groundwoodbooks.com

ISBN 978-3-7725-2994-8

1. Auflage 2022

Verlag Freies Geistesleben
Landhausstraße 82, 70190 Stuttgart
www.geistesleben.com

Design: Michael Solomon und Lucia Kim
Druck: GCC Grafisches Centrum Cuno, Calbe
Printed in Germany

Die Illustrationen wurden mit Stift, Aquarell und Acetontransfer auf den Papieren Rising Stonehenge und Arches Aquarelle angefertigt.

FSC www.fsc.org
MIX
Papier aus verantwortungsvollen Quellen
FSC® C043106

Klimaneutral
Druckprodukt
ClimatePartner.com/13493-2206-1005

Nachweise:

«Canada has already answered that call ...» («Kanada hat bereits auf diesen Aufruf geantwortet ...») Ministerpräsident William Lyon Mackenzie King in einer Sondersendung des kanadischen Rundfunks am 3. September 1939: cbc.ca/archives/entry/mackenzie-king-addresses-canadians-as-britain-declares-war-on-germany

Die Verwendung des CBC 1940-58 Logos erfolgt mit freundlicher Genehmigung der Canadian Broadcasting Corporation.

Die Grafik zum Prolog von «The Idea of North» erscheint mit freundlicher Genehmigung von Lorne Tulk; Library and Archives Canada, MUS109, box no. 4, microfilm reel no. 4, item no. 5 40.

Der Abdruck des Fotos von Glenn Gould am Flügel mit Hund und Wellensittich (etwa um 1944) erfolgt mit freundlicher Genehmigung der Archives of Ontario.

Für Kavi — SE

Für má và ba — NV

SO GLENN WIE MÖGLICH

Geschrieben von Sarah Ellis | Illustriert von Nancy Vo

Aus dem Englischen von Jean-Claude Lin

VERLAG FREIES GEISTESLEBEN

WAR!

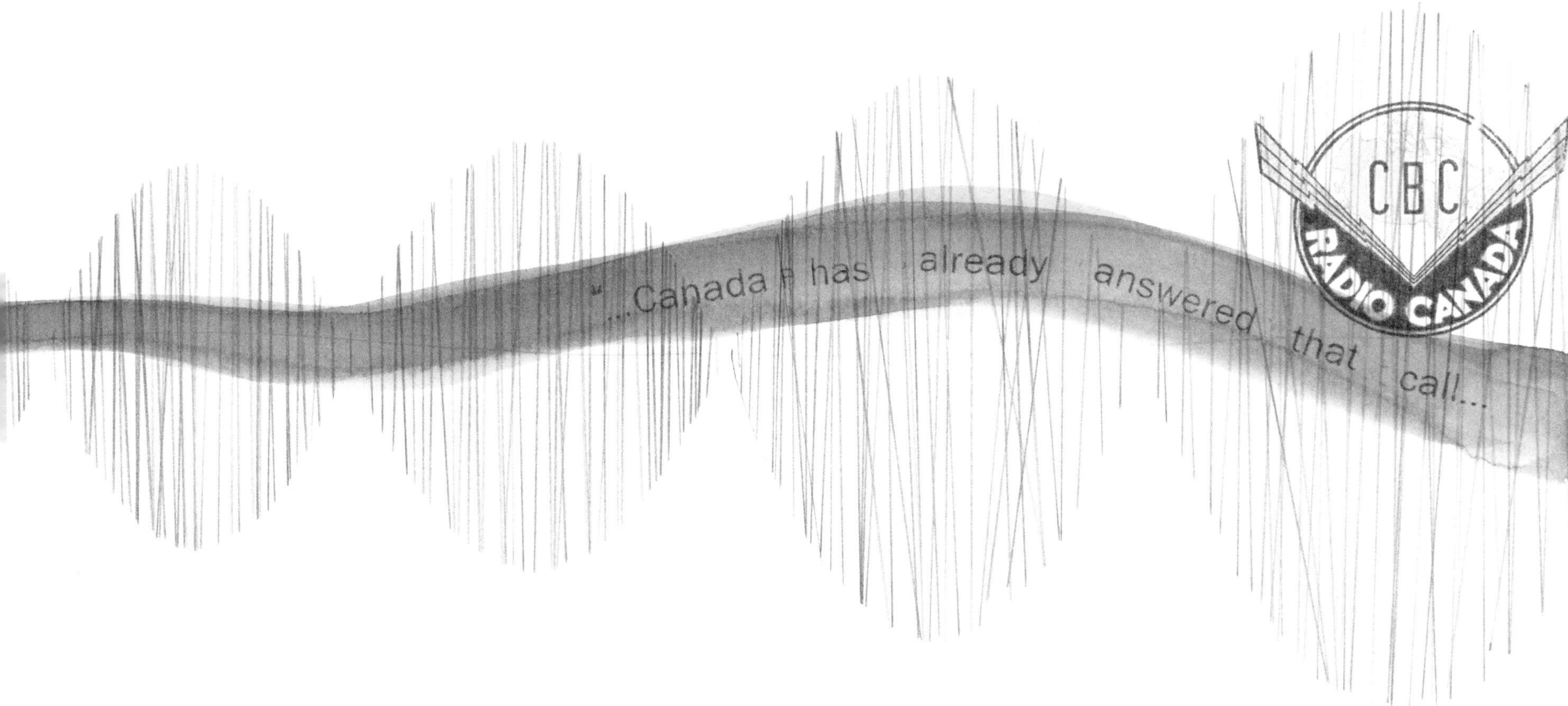

Glenn ist ein Junge, der weiß, was er mag.

Glenn mag Boote. Laut singend fährt er mit einer Hand am Steuer seines Bootes um den See, mit der anderen dirigiert er das Orchester, das er im Kopfe hört. Glenn mag Boote, aber …

er mag *nicht* Fische fangen. Ihm tun die Fische leid.

Glenn mag es, Spaß zu haben. Er mag Wortspiele und Scherze, lustige Hüte und komische Stimmen, und er mag es, mit seinem Hund zusammen ein Duett zu spielen. Er singt den Kühen auf der Weide und den Elefanten im Tiergarten vor. Glenn mag es, Spaß zu haben, aber …

er mag es *nicht*, wenn andere gemobbt werden. Wenn Menschen sich auf Kosten anderer lustig machen, weigert er sich, es auch zu tun.

SIR
NICKOLSON
OF
GARELOCHEED

Glenn mag die Natur – die Bäume im Nebel, die Bäume im Schnee, die Schatten, die sie werfen, aber …

er mag *nicht* die Kälte. Er mag es, sich warm anzuziehen. Er trägt einen Mantel mit Schal, Mütze und Handschuhen, selbst im Sommer oder wenn er zum Strand geht.

Glenn mag es, von Tieren umgeben zu sein. Er liebt seinen Hund Nicky, seine Häschen, seinen Goldfisch, seinen Wellensittich und sein Stinktier. Aber …

Menschen findet er schwierig, besonders wenn viele zusammen sind. Er mag *keine* Partys.

Glenn mag Lesen und Lernen. Er mag es, wenn sein Kopf beschäftigt ist. Er kann kritzeln und reden, Radio hören und sich Musik merken – und zwar alles gleichzeitig, aber …

er mag es *nicht*, in der Schule zu sein. Schule findet er langweilig, und die anderen Kinder halten ihn für seltsam.

Glenn mag Regeln – die Regeln von Spielen und Rätseln, er mag die Muster der Musik und der Mathematik, aber …

er mag *nicht* Regeln, die ihn einengen. Seine Eltern haben die Regel aufgestellt, dass er nur vier Stunden am Tag Klavier üben darf. Glenn hasst diese Regel, denn …

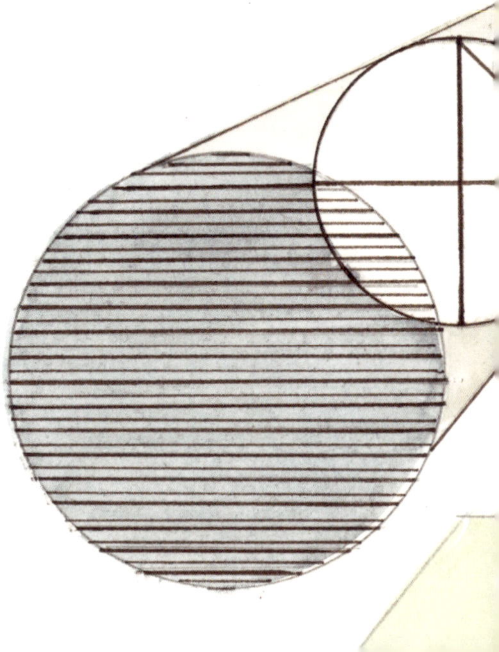

r
πr

er mag Klavier spielen. Nein. Er *liebt* es, Klavier zu spielen. Er liebt es mehr als alles andere. Es ist so aufregend, wie mit dem schnellen Boot um den See zu fahren. Es macht ebenso viel Spaß, wie ein kniffliges Rätsel zu lösen. Mit dem Klavier kann er sich ausdrücken, ohne Worte benutzen zu müssen.
Beim Klavierspielen kann Glenn ganz und gar Glenn sein.

Menschen hören Glenn gern beim Klavierspielen zu. Nein. Sie *lieben* es, ihn spielen zu hören. Seine Musik ruft tiefe Gefühle in ihnen hervor – traurige oder glückliche, zärtliche oder besinnliche, beruhigende oder aufregende.

Ob in New York oder Moskau, Toronto oder
Tel Aviv, Leningrad oder Los Angeles –
sie strömen in seine Konzerte. «Großartig!»,
rufen sie aus, «überirdisch!» Und sie fragen sich,
von welchem Stern er gekommen sein mag.
Auf der Straße jubeln sie ihm zu, aber …

CANCELED

nach einer Weile mag Glenn *keine* Konzerte mehr geben. Manchmal ist ihm der Konzertsaal zu kalt. Manchmal mag er das Klavier dort nicht. Manchmal geht es ihm nicht gut.

Carnegie Hall
the auditorium, only the Dre
Isaac Stern

Und Menschen sind ein Problem. Sie husten und niesen und schnäuzen sich. Viren! Sie flüstern und rascheln mit ihren Süßigkeiten. Lärm! Und dann klatschen sie. Nein! Glenn mag es *nicht*, wenn applaudiert wird. Er möchte, dass die Menschen nach der Musik still sind. Aber niemand möchte still sein. Sie wollen klatschen und mit den Füßen stampfen und «Bravo!» rufen.

Was kann Glenn tun?

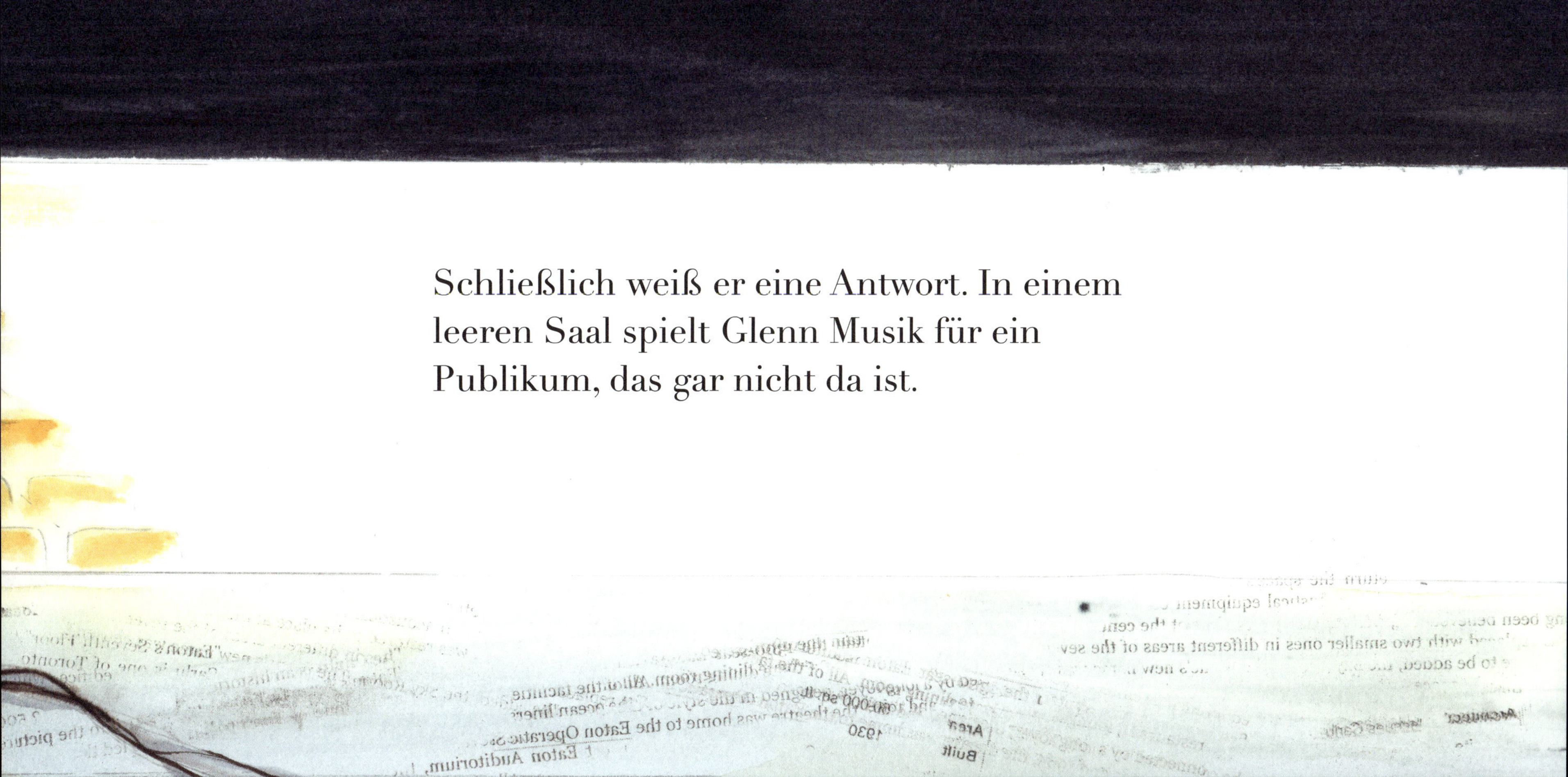

Schließlich weiß er eine Antwort. In einem leeren Saal spielt Glenn Musik für ein Publikum, das gar nicht da ist.

In diesem Saal spielt er immer wieder
und wieder und wieder. Dann hört er sich
die Aufnahme an und korrigiert sie.
Nicht zu schnell und nicht zu langsam,
nicht zu laut und nicht zu leise,
nicht zu holprig und nicht zu glatt.

Er muss niemanden zufriedenstellen, nur sich selbst. Er spielt die ganze Nacht durch. Er spielt, bis jede Note für ihn sitzt. Dieser Saal ist der ideale Ort – das ist keine Frage.

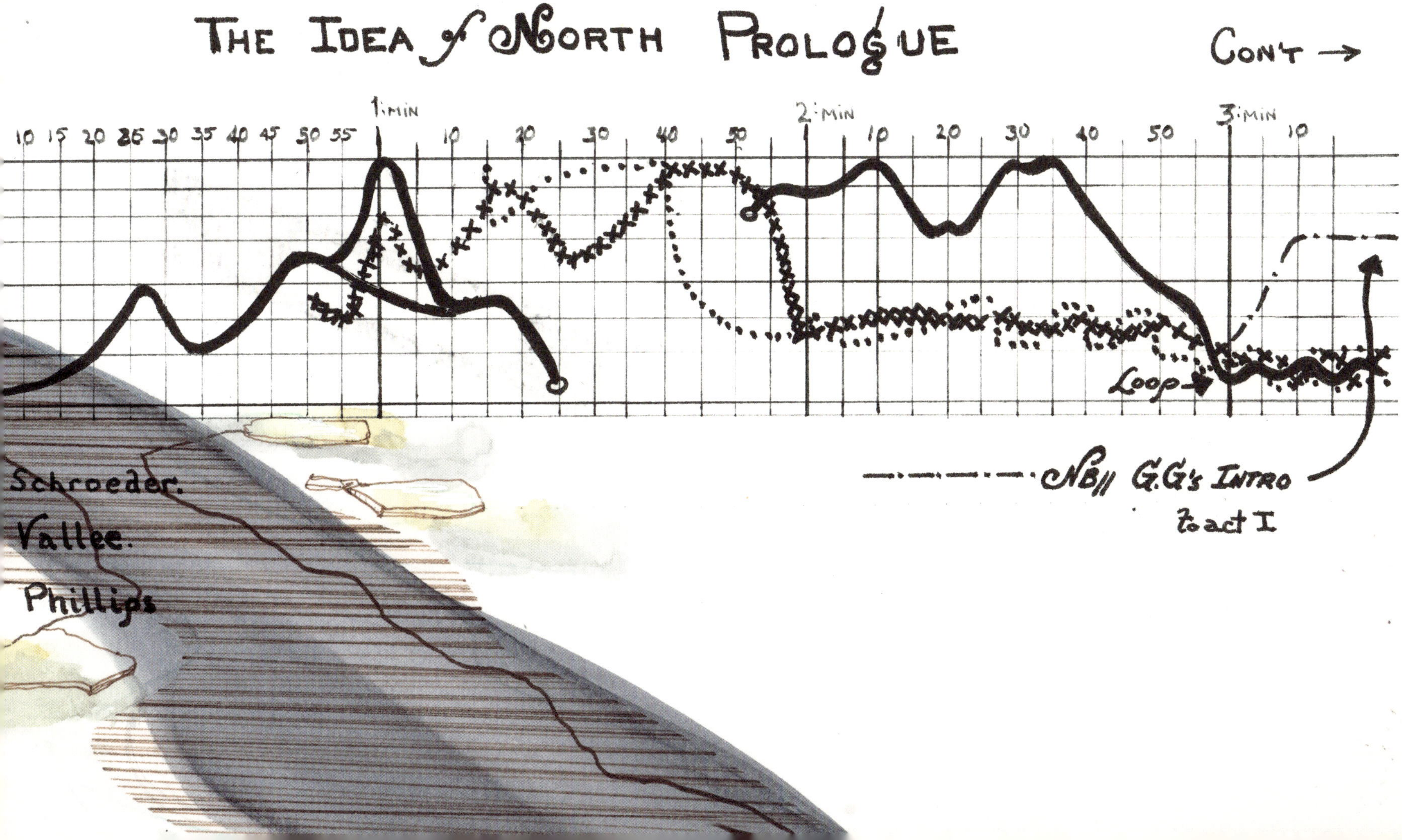

Jetzt, in diesem Augenblick, hört jemand Glenn Klavier spielen. Beim Gehen oder Ausruhen, beim Lesen, Warten oder Arbeiten, beim Bäuerchen eines Babys oder beim Blick in die von Sternen erfüllte Nacht genießt jemand irgendwo auf dieser Welt die Musik eines jungen Menschen, der einen Weg für sich fand, ganz er selbst zu sein – so Glenn wie möglich.

Glenn Gould (1932–1982) war ein Wunderkind und Superstar. Schon bevor er zur Schule ging, spielte er eifrig Klavier, arbeitete an seiner Spieltechnik und komponierte selbst Musik. Mit fünfzehn Jahren spielte er bereits als Berufsmusiker. Mit zwanzig war er einer der weltweit berühmtesten Interpreten klassischer Musik. Er spielte vor begeisterten Zuhörerinnen und Zuhörern in den renommiertesten Konzerthäusern der Welt, und seine Schallplattenaufnahmen wurden millionenfach gekauft. In England gab es eine Verehrerin von Glenn Gould, die sich auf ihren Rücken eine Komposition von ihm tätowieren ließ. Eine seiner Aufnahmen wurde den beiden *Voyager*-Raumsonden mitgegeben.

Wer war dieser seltsam bemerkenswerte Musiker?

Und all das von einem bescheidenen Einzelkind, das in einer gewöhnlichen Gegend von Toronto in Kanada aufwuchs, das die örtliche Schule besuchte, seine Sommerferien mit der Familie in einem Cottage an einem See verbrachte, das von seiner Mutter das Klavierspielen beigebracht bekam und davon träumte, eines Tages die «Glenn Gould Puppy Farm» führen zu können.

Glenn Gould wurde mit vielen Begabungen geboren: absolutes Gehör, gewandte Hände, ein phänomenales Gedächtnis und Konzentrationsvermögen. Doch war bestimmt auch etwas Magisches in seinem Leben wirksam, eine beglückende Sternenkonstellation, die ihm den erforderlichen Freiraum verlieh, Regeln zu sprengen, seiner Fantasie freien Lauf zu lassen, durch seine Kunst er selbst zu sein und sich durch sie auszudrücken.

Glenn Goulds Begabungen zeigten sich bereits im frühen Alter. So auch seine einzigartige Persönlichkeit. In diesem Punkt habe ich mir bei der Chronologie seines Lebens einige Freiheiten erlaubt. Gegen den Fischfang wehrte er sich im Alter von sechs Jahren. Mit dreizehn Jahren spielte er zusammen mit seinem Hund Klavier. Als er vor den Elefanten sang, war er fünfundvierzig. In seinem künstlerischen Ausdruck war er überaus frühreif. Als Erwachsener behielt er die Spielfreude eines Kindes. Der englische Dichter William Wordsworth dichtete einmal über seine eigene Kindheit «Das Kind ist Vater des Mannes». Glenn Gould ist ein bemerkenswertes Beispiel dieses Phänomens.

Weiterführende Lektüre über Glenn Gould

Für Kinder gibt das Buch *Struggling for Perfection: The Story of Glenn Gould* von Vladimir Konieczny, das 2004 bei Napoleon Publishing in Toronto erschien, eine durch die vielen Fotos von Glenn Gould als Kind wie auch als Erwachsener sehr anschauliche Darstellung seines ganzen Lebens. Im Internet kann man beim «Glenn Gould Archive» viele weitere Einzelheiten abrufen, wie Glenns Schulzeugnis der 5. Klasse, eine Melodie, die er mit acht Jahren komponierte, ein Foto seines Hundes oder Bilder von ihm in abenteuerlichen Kostümen.
Auf YouTube kann man ihn unter «Glenn Gould on Animals» über die Eroberung der Erde durch die Tiere vortragen hören oder wie er vor Elefanten singt.
Um Glenn noch näher kennenzulernen, ist es am besten, ihm beim Klavierspielen zuzuhören. Seine Aufnahmen der *Goldberg-Variationen* von Johann Sebastian Bach gelten als seine berühmtesten. Glenn war bei der ersten Einspielung dieses 32 Variationen umfassenden Meisterwerks von Bach, das bis dahin nur verhältnismäßig wenigen Menschen wirklich bekannt war, erst 22 Jahre alt. Man kann ihn auf YouTube spielen hören und auch die vielen Kommentare dazu lesen. Für einen seiner Fans spielt er so schön, dass wir selbst vor einer Invasion von Außerirdischen durch sein Spielen geschützt wären: «Sollten Außerirdische uns einmal überfallen, wäre diese Musik Grund genug, uns am Leben zu lassen.»
Als Erwachsene hat mich die von Kevin Bazzana verfasste Biografie *Wondrous Strange: The Life and Art of Glenn Gould*, die 2003 bei McClelland and Stewart in Toronto und in deutscher Übersetzung unter dem Titel *Glenn Gould. Die Biografie* 2006 bei Schott in Mainz erschien, inspiriert. Kevin Bazzana erläutert auf sehr verständliche Art, warum Goulds Aufführungspraxis der Werke Bachs so innovativ war. Für Leserinnen und Leser, die sich für die neurotypisch abweichenden mentalen Fähigkeiten Glenn Goulds interessieren, gibt er eine sehr ausgewogene Darstellung aller Phänomene und erwogenen Erklärungen und Theorien ohne voreilige Bewertungen. Und für alle, die sich einfach für das Besondere eines anderen Lebens interessieren, erzählt er eine überaus spannende und überzeugende Geschichte.